ÉPITRE

AU

PRINCE IROQUOIS,

JOSEPH TÉOROGARON ANOVARA,

CHEF DE LA GRANDE TORTUE;

PAR M. X. Y. Z.

A tous mes compagnons d'un et d'autre côté,
Il m'a conduit lui-même avec civilité.

(FABRE D'ÉGLANTINE.—*Le Philinte*,
acte 1er, scène 7me.)

PARIS,

CHEZ TOUS LES MARCHANDS DE NOUVEAUTÉS.

1826.

UN MOT AU LECTEUR.

— Comment ! une épître au prince iroquois ?... mais vous n'y pensez pas ! c'est
trop tard : que ne paraissait-elle il y a un
mois ? aujourd'hui le droit d'aînesse et
Missolonghi nous ont fait perdre entièrement de vue cet intéressant personnage,
qui, au reste, n'est déjà plus à Paris, et
dont il n'est peut-être plus question qu'au
faubourg Saint-Germain.—C'est vrai, ami
lecteur, je le confesse, c'est un peu tard :
mais que veux-tu ? et moi aussi je m'inté-
ressais au droit d'aînesse et aux infortunés
Hellènes ; crois-tu que je pouvais avoir
alors le courage de plaisanter avec le sauvage du fleuve Saint-Laurent ? je te le
demande, le pouvais-je ?...

Mais aujourd'hui que nous sommes
entièrement rassurés, je suis revenu à mon
Iroquois que j'avais deux fois abandonné.
J'ai jeté un coup-d'œil sur son existence

dans sa patrie, et j'ai eu pitié de son destin : cela pourra plaire aux âmes sensibles. Je l'ai suivi ensuite dans les salons du noble faubourg, et le sujet est devenu comique : enfin, il m'a bien fallu dire un mot de sa catastrophe, et du bruit dernièrement répandu qui veut à toutes forces en faire un farceur de Bordeaux.

Voilà, ami lecteur, toute l'histoire du prince iroquois que je fais entrer dans mon cadre : si elle fait mine de te plaire, fais-le moi savoir, et je t'en promets, au plus vîte, la continuation : mais, si elle ne te convient pas, ne vas pas faire le méchant et dire trop de mal de moi ; car, en conscience, ce pauvre sauvage m'intéresse, et je ne voudrais pas pour beaucoup qu'il lui arrivât le moindre accident. Adieu, ami lecteur ; adieu.

ÉPITRE

A U

PRINCE IROQUOIS,

JOSEPH TÉOROGARON ANOVARA,

CHEF DE LA GRANDE TORTUE.

Sur les pas imprudens de ton missionnaire,
Jeune homme, en ces climats, dis-moi, que viens-tu faire?
Transfuge des déserts, exilé loin des tiens,
Du dieu que tu quittas pour celui des chrétiens;
Ainsi tu méconnais la première influence :
Aux foyers paternels enchaînant ton enfance,
Elle qui te sourit au printems de tes jours,
Ouvrit tes yeux au ciel et ton âme aux amours.
Quoi? tu viens parmi nous ! « Des destins plus tranquilles
» T'attendent à l'envi dans le sein de nos villes;
» Laisse de tes déserts les froides nudités,
» Viens chercher la nature au milieu des cités;
» Accours, et que de Dieu la bonté consolante
» Éclaire tes esprits de sa grâce puissante. »
Tels sont les vains discours qui t'ont trompé, séduit.
Encore, si celui dont l'œil partout te suit

Et dirige tes pas dans sa route nouvelle,
En éloignant de toi l'erreur et le faux zèle,
A la philosophie, à ses simples douceurs,
Aux lumières du siècle, à leurs feux protecteurs
Accoutumait ton âme intéressante et pure ;
Que j'aimerais en toi l'enfant de la nature,
Adopté par un sage, au sein d'une cité,
Croissant pour la lumière et pour la vérité !..
Mais, hélas ! que ton sort et m'attriste et m'accable !
Jadis, il fut pour toi plus d'un bien délectable :
Tu reposais tranquille aux foyers paternels ;
Fils tendre, amant heureux, nul entre les mortels
Plus que toi ne goûtait les charmes de la vie :
Les fleuves, les rochers de ta belle patrie,
Ses arbres protecteurs, leurs ombrages épais,
La noble chasse à l'arc de l'hôte des forêts ;
Tels étaient tes plaisirs !.. et quand la nuit obscure
De son voile amoureux ombrageait la nature,
Lorsque l'oiseau du soir du chant accoutumé
Égayait un bon peuple attentif et charmé ;
Au sein du bois tes bras recevaient ton amante :
Caressé des baisers de sa bouche enivrante,
Comblé de ses faveurs, souvent un tendre amour
Dans le ravissement vous surprit jusqu'au jour ;
Et lorsque le soleil de ses rayons sublimes
Des arbres balancés venait dorer les cîmes,

Dans un doux abandon vous assistiez tous deux
Au réveil de la terre embrâsée à ses feux.

Un jour, un homme noir frappe seul à ta porte :
Il entre, humble et soumis, sans garde, sans escorte,
Il s'avance vers toi; son aspect te surprit...
Il parla... ton silence étonna son esprit;
Mais loin de s'effrayer, son vigilant courage
Ne connaît point d'obstacle et met tout en usage;
Il jure d'accomplir un sinistre dessein :
Déjà l'obscur est clair et le doute est certain...
C'est lui qui t'a séduit!.. il trompa ta jeunesse,
De ton cœur filial il bannit la tendresse,
Étudia tes goûts, s'y conforma; son cœur
Au-devant de tes vœux allait avec douceur;
De ta religion il troubla la lumière,
Le doute t'aveugla... tu négligeas ton père...
Parens, amis, patrie avaient perdu tes vœux,
Et bientôt tu voulus t'exiler de leurs yeux :
C'est ainsi qu'en partant éclata son audace...
Qui peut s'en étonner? c'est un enfant d'Ignace!..

Dis-moi, t'a-t-il parlé d'Ignace Loyola,
Et des forfaits hideux qu'un saint zèle étala?..
Son disciple sacré t'a-t-il bien fait connaître
Avec les dogmes saints les crimes de son maître?
Ah! peut-être il t'a dit que sa religion
Au sein de ses enfans éteint l'ambition,

Et que le cœur rempli d'une douce allégresse,
Ils vivent étrangers à l'humaine faiblesse ;
Que la paix, la vertu, l'homme, la probité
Guident les seuls enfans du dieu de vérité !..
Va, ces illusions des vertus des vieux âges,
Au milieu de tes bois et parmi tes sauvages,
Seul tu pus les goûter... aujourd'hui quelle erreur !..
Le monde t'environne et la nature a peur :
Ne viens point parmi nous chercher de si doux songes,
Ah ! sans doute, bercé de ces rians mensonges,
Néophyte zélé, de tes bords, à jamais,
Ivre d'un saint espoir, alors tu t'exilais...
Et tu vins à Paris !.. ô fils de la nature,
Retourne en tes déserts, conserve une âme pure ;
Va, les chagrins d'un père et ton amante en pleurs
T'appellent ; n'attends pas que des traits corrupteurs
Empoisonnent le cours de ta paisible vie ;
N'attends pas qu'à ton cœur l'innocence ravie,
De tes sens pervertis s'exile pour jamais,
Et change en temple impur le temple de la paix.
   Mais tu ne m'entends pas, et ma voix impuissante
N'arrive jusqu'à toi qu'indocile et mourante :
Ton guide te retient à tes côtés assis...
Eh bien ! reste avec nous, tu connaîtras Paris.
   Mais, que dis-je ? déjà de tes nobles prouesses
Désirant égayer baronnes et comtesses,

Ton Mentor, l'œil baissé, te conduit par la main
Dans les nobles salons du faubourg St.-Germain.
» Il viendra ! dit tout bas une jeune marquise,
Qui pour te voir, trois jours, a préparé sa mise :
» Il viendra ! dit ce duc au front large et saillant,
Qui mesure sa pose, et prend un air vaillant :
» Il viendra ! dit encore une mère à sa fille ;
» On le dit bien gentil... et si notre famille..—
» —Paix ! maman, le voici ! —Silence ! et l'air pieux ,
Modestement alors chacun baisse les yeux ;
On craint de contempler ta mise à demi-nue,
Et sans la regarder tout le monde l'a vue.
    Tu t'assieds ; de tes traits on se repaît alors :
Un crayon indiscret des contours de ton corps,
Sous un riche costume a dessiné les grâces :
Demain, multiplié sur les quais, sur les places,
Les boulevarts, les ponts pour tout dire à la fois,
On n'entendra parler que du prince iroquois.
    Cependant, une fête honore ta présence :
On se recueille, on prie... et le sermon commence.
Tu n'y comprenais rien ; car, néophyte ardent,
On t'a rendu bientôt catholique ignorant :
Mais tu n'es pas encor façonné pour la chaire ,
Et Montrouge t'attend , ou bien le séminaire.
Tout-à-coup de la fête étendant l'agrément,
Épris d'un feu nouveau, tu te lèves.. « Comment!..

» Que va-t-il faire?.. Ah! Dieu! quels traits! quelle élégance!..
» Voyez comme il bondit! comme leste, il s'élance!.
» Que l'on nous parle encor d'aller à l'opéra!.
» Fi donc! » Lors, sans réserve, un chacun t'admira;
D'une commune voix on t'offrit des hommages,
Et tu fus proclamé le Vestris des sauvages.
Cependant, entre nous, on fut scandalisé;
Danser après sermon, n'était point avisé...
Mais ton guide aussitôt excusa ta démarche,
Alléguant que David dansa bien devant l'arche.
A ces mots, chacun fit un grand signe de croix,
Et loua, sans péché, ta grâce et tes explōits.
    Mais il se faisait tard... la fleur de la noblesse
Qu'attirait au salon l'aspect de ta hautesse,
Se lève après la danse, et d'un coup d'œil exquis,
A la fois simple et grand, t'accompagne...un marquis
Dans sa main féodale et des Gaulois issue,
Serre ta main, te flatte... enfin, on te salue.
Seul avec ton argus, tu prends congé, tu sors;
Bientôt dans un bon lit paisiblement tu dors,
Tandis que la beauté de tes grâces ravie,
Long-temps dans le sommeil de songes poursuivie,
Ne rêve qu'au Vestris de la principauté,
Et chez les Iroquois s'éveille majesté.
    Le lendemain, paré, l'on te mène à la messe,
De la messe au sermon, du sermon à confesse;

Tu dînes chez un duc, et le soir, le plaisir
Qui t'ennuya la veille, accueille ton loisir.
C'est ainsi qu'endormi dans ton indifférence,
Tu calcules les jours d'une nouvelle enfance.

Cependant, de ton nom a retenti l'éclat;
On te dit grand chasseur, beau garçon, bon soldat:
Le journal du matin conte tes aventures,
Tes bons mots, tes ennuis, tes gentilles allures;
On ne parle à Paris que du prince iroquois:
Que veux-tu? c'est nouveau! c'est la première fois!..
De la célébrité subis donc l'avantage.

Ne crois pas cependant que ce peuple volage,
Qui porte dans ses goûts tant de frivolité,
S'égayant sur ta danse et ta principauté,
Ne pense qu'au plaisir... l'infâme droit d'aînesse
A des cœurs paternels réchauffé la tendresse :
Sous le toit on s'assemble, on craint...le frère en pleurs
De ministres pervers abjure les faveurs ;
Contre une impure loi tonne la France entière,
Et bientôt à sa voix la chambre héréditaire,
Confondant noblement l'œuvre d'iniquité,
A ramené la joie et la tranquillité.

Nous voilà rassurés sur l'objet de nos craintes :
Aussitôt on voit naître et chansons et complaintes;
Le droit d'aînesse est mort !...sa funèbre oraison
Paraît le lendemain en guise de sermon.

Lorsqu'un malheur nouveau ramenant la tristesse,
Interrompt tout-à-coup la publique allégresse...
Missolunghi n'est plus !.. Le soldat du croissant
A rugi dans ses murs, a noyé dans son sang
Un peuple de héros martyrs de la patrie,
Et du Dieu que l'Europe immobile dénie :
Femmes, enfans, vieillards tombent sous sa fureur,
Ou s'éloignent meurtris de ces lieux de terreur:
« Du pain ! s'écriaient-ils, du pain ! et qu'à nos frères,
» Nous puissions apporter la vie et nos misères ! »
A ces mots, dans la France, un seul écho répond:
» Gloire ! secours aux Grecs !..» on pleure, on se confond.
Insensibles au sein de leur indifférence,
Des ministres français seuls gardent le silence:
Ils souffrent à regret cet élan généreux....
« Tigres, consolez-vous...les Grecs sont malheureux!.
» Voyez (et rougissez) ces aimables quêteuses,
» Dédaignant de leurs rangs les splendeurs fastueuses,
» Parcourir les quartiers de l'immense cité,
» Disant : *aux pauvres Grecs faites la charité!*
» A leur voix tout s'émeut; opulence et misère,
» Dans leurs dons différens, n'ont qu'un seul caractère.
» A quoi pensez-vous donc? à vous faire haïr,
» Et d'un passé sanglant effrayer l'avenir!...
» Honte à vous, à vous seuls!... honneur à la patrie;
« Jamais à vos projets elle ne s'associe :

» Honte à vous qui malgré son éloquente voix
» Souriez aux malheurs des martyrs de la croix...
» A vous, vils alliés d'un despote barbare,
» Tartuffes du pouvoir, dont l'égoïsme avare
» Abjure les vertus, nourrit l'ambition,
» Se débat dans les fers de cette faction,
» Qui, jusqu'au sein des cours étend sa main proscrite
» Et vous tient asservis sous sa verge hypocrite.
» Ah! lorsque tout gémit des progrès effrayans
» Qu'une secte odieuse a faits depuis vingt ans,
» Lorsqu'on la voit partout, au parquet, dans la chaire
» Au barreau, dans l'armée, au sein du ministère,
» Que chaque citoyen tremble pour son pays...
» C'est à vous de braver nos larmes et nos cris...
» Mais, d'un roi qu'on chérit la bonté protectrice
» Entendra des Français la voix accusatrice,
» Et vous chassant d'un poste assez long-temps sali,
» A nos malheurs passés attachera l'oubli. »
      Pardon, Anovara, grand pardon, si ta grâce
En mes ardens transports n'occupe aucune place...
Après des sentimens si justes et si doux,
Je reviens... Eh bien! dis: que penses-tu de nous?...
Conçois-tu des Français la mobile inconstance?
Ils te prônent... et puis ils gardent le silence :
C'est ainsi que tout près de la célébrité
Leur caprice bizarre a mis l'obscurité.

Quant à moi, je te parle en fidèle interprète :
Au faubourg Saint-Germain, ta première conquête,
Ton aspect fait plaisir... il est encor nouveau ;
Tu passeras de mode et ne seras plus beau :
Quoique prince iroquois, comtesses curieuses,
Marquises du beau ton, duchesses précieuses,
Après t'avoir bien vu, bien fêté, bien lassé,
S'ennuîront à la fin... ton règne aura passé.

Mais, un bruit indiscret répandu par l'envie
Vient arrêter le cours de ta royale vie :
Le croirai-je ce bruit?... Quoi, comment? sans pudeur
Ton guide te dit prince... et tu n'es qu'un farceur !
De Bordeaux qui pis est !.. nous en avons en place ;
Mais le plus effronté n'a jamais eu l'audace,
(Quoiqu'au fait on pût bien s'y tromper quelquefois)
De se faire passer pour un prince iroquois.
Comment !... mystifier la plus haute noblesse !
Égarer les soupirs de la tendre duchesse !..
Danser après sermon !... un prince, c'est fort bien ;
Mais un vil roturier... et peut-être un vaurien !
Tant d'audace surprend, partout on s'en étonne ;
Et pourtant on te dit des bords de la Garonne !

Ami, pour aujourd'hui restons en à ce point.
Mais, montre-leur bientôt qu'on ne te connaît point :
J'espère qu'en public prouvant ton origine,
Alléguant de ton front la noblesse divine,

Ces yeux que l'on trouvait si brillans et si beaux,
Dépréciés depuis qu'on les croit de Bordeaux,
Tu confondras les cris envieux de ta gloire.
Cependant si leur rage outrageait ta mémoire,
Si vers un tribunal on traînait ta grandeur,
Je te demande ici d'être ton défenseur :
Je brûle de te rendre un signalé service ;
Je veux que sur mon nom ton éclat rejaillisse,
Que l'on dise: « Iroquois, et chez les grands fêté,
« Tombé Gascon, d'aucun il ne fut assisté :
» Du sein de la roture une âme bienfaisante
» Fit entendre une voix et sensible et touchante,
» Et le farceur titré qui trompa des badauds,
» Evita leur courroux et revint à Bordeaux. »

X. Y. Z.

www.ingramcontent.com/pod-product-compliance
Lightning Source LLC
LaVergne TN
LVHW052333060726
842524LV00018B/2952